힘

힘

―

초판 1쇄 2025년 8월 27일
지은이 조미영
펴낸이 김영재
펴낸곳 책만드는집

―

주소 서울 마포구 양화로3길 99, 4층 (04022)
전화 3142-1585·6
팩스 336-8908
전자우편 chaekjip@naver.com
출판등록 1994년 1월 13일 제10-927호
ⓒ 조미영, 2025

* 이 책의 판권은 저작권자와 책만드는집에 있습니다.
  이 책 내용의 전부 또는 일부를 재사용하려면 양측의 동의를 받아야 합니다.
* 본 도서는 2025년 부산광역시, 부산문화재단 〈부산문화예술지원사업〉으로 지원을 받았습니다.

부산광역시 부산문화재단

―

ISBN 978-89-7944-902-0 (04810)
ISBN 978-89-7944-354-7 (세트)

책 만 드 는 집
시인선 264

힘

조미영 시조집

책만드는집

| 시인의 말 |

걸어온 길 걸어갈 길
한숨도 따르지만

그대와 함께여서
꽃도 보는 여정입니다

'힘'내고 또 나섭니다
숨 고르며 쉬엄쉬엄

2025년 여름을 보내며
조미영

| 차례 |

5 • 시인의말

1부 언젠간 찾으리라 싶어

13 • 힘
14 • 바코드
15 • 엑스트라
16 • 장산
17 • 새, 명상에 들다
18 • 산복도로
19 • 고무줄
20 • 늦가을, 동백섬
21 • 나무 맞나요
22 • 꽃을 말리며
23 • 손녀와 노모
24 • 폐선
25 • 유목민
26 • 친정엄마

2부   하늘 높고 푸르러서

29 • 때로는
30 • 낚시
31 • 백두에서
32 • 휴
33 • 5단지 2동 133호
34 • 곱게 물들다
35 • 생의 끝에서
36 • 돌아오지 않는 강
37 • 울 수가 없어
38 • 이런 사랑
39 • 누란 미녀
40 • 메밀꽃 필 무렵
41 • 손톱 손질
42 • 초량 이바구길

3부　흐린 날에 기대어

45 • 흐린 날에 기대어
46 • 추간판 탈출
47 • 리모델링
48 • 부하라 소녀
49 • 세상에 이런 날이
50 • 다시 보니
51 • 산을 오르며
52 • 참선
53 • 쉽지 않다
54 • 광개토대왕비
55 • 눈꽃열차
56 • 순리
57 • 나이 듦
58 • 나도 잊힐까

4부 넉넉히 하늘 들여

61 • 고목
62 • 봄날은 간다
63 • 밤새 뒤척이다
64 • 전화
65 • 이따금
66 • 입춘 폭설
67 • 어느 날 바람이
68 • 꽃, 피다
69 • 이냥저냥
70 • '엄마' 하고 부르면
71 • 헤나
72 • 어디쯤 설까
73 • 담쟁이덩굴
74 • 겨울 길목

5부 마음 젖지 않겠다

77 • 벚꽃 테라피
78 • 비상
79 • 자정 무렵
80 • 네일아트
81 • 재개발 지역
82 • 장백폭포
83 • 오래된 집
84 • 헛가지
85 • 단풍놀이
86 • 결국
87 • 상처
88 • 왜가리
89 • 출근 전쟁
90 • 휘모리

91 • 해설 _ 이경철

1부

언젠간 찾으리라 싶어

힘

바늘 끝도 겨우 꽂힐
보도블록 실금 따라

여려도 꼿꼿한 잎
낮아도 당당한 꽃

한 방울 눈물 자욱이
아픈 자리 딛고 섰다

바코드

내 몸에 아로새긴 줄무늬 보셨나요

스치듯 지나실 때
내 마음 아셨나요

언젠간 찾으리라 싶어 긴 목으로 섰습니다

오래된 화면처럼
비 내림 보이나요

틈새로 일던 추억
눈치를 채셨나요

끝내는 들키고 마는 정직한 몸입니다

엑스트라

행인1로 지나갔다 행인2로 돌아온다

걷다가 달리다가 누웠다 엎드렸다

먼발치 빛나는 주연
내 몸짓은 무겁다

가벼운 하루 몸값 열두 번 죽다 살다

웃다가 울었다가 때렸다 얻어맞다

언제가 우뚝 설 주연
내 자리는 거기다

장산*

어머님 산책길 며느리가 걷고요
아버님 등산길은 아비가 오르지요
푸른 산 그대로인데 사람만 바뀝니다

켜켜이 눈물 쌓인 어머님의 일생도
돌아갈 수 없었던 아버님의 청춘도
밤사이 불어난 계곡물 그 속으로 흐르지요

* 부산시 해운대구에 있는 산.

새, 명상에 들다

사람 발길 잦아들자
여름 물살 숨 고르고

물속을 꿈꾸던 새
한 철 지나 찾아와

찬 바람 정수리에 이고
깊이를 재고 있다

산복도로

안팎 없이 떠돌아 누구나 아는 얘기
심심한 건들바람 여기저기 퍼 나르니
수상한 희비극으로 넘쳐나는 골목길

수없이 오르내려 모서리 닳은 계단
시린 어깨 비비며 비탈길을 오른다
아찔한 삶의 무게는 오른 만큼 덜어질까

고무줄

아직도 쓸 만할까
늘어져서 돌아와도

수십 번 수백 번 되풀이된 같은 걸음

이제는 빡빡함이 싫다
헐렁하게 눕고 싶다

늦가을, 동백섬

파도에 답하느라
바다로 뻗은 가지
잎 진 나무 사이사이
가로등에 기댄 달

한 방향 쏠려 가는 군상
물끄러미 바라본다

지난 계절 피었던 꽃
가고 없는 빈 가지
바람에 휩쓸리다
한곳으로 모인 낙엽

역방향 돌아오는 이
발걸음에 차인다

나무 맞나요

보석인 양 치렁치렁 온몸에 두른 전구

누굴 위한 발광일까 밤새도록 오른 신열

지쳐서 흐려지는 빛

본디 꼴은 사라져

꽃을 말리며

사랑이란 이름으로 몸을 떨던 꽃들도
시나브로 야윈 눈물 하늘가 닿을 즈음
그리움 마른 꽃잎 되어 맘 갈피로 앉았다

허한 벽 찔러보는 옹어리진 가시들
박제된 시간마저 가벼이 부서지고
덜 마른 가슴 구석구석 헤집으며 다닌다

손녀와 노모

정성 깃든 이유식에 손녀 볼 탱탱하고
근기 없는 미음 몇 술 어머닌 수척해져
어쩌나 끼니때마다 흔들리는 숟가락

하루가 다르게 힘 오르는 손녀 걸음
하루가 다르게 주저앉는 노모 걸음
어쩌나 만나지 못할 방향 다른 두 걸음

스스로 하는 것이 하나씩 늘어나는
스스로 하는 것이 하나씩 줄어드는
어쩌나 손녀와 할머니 닮은 듯 다른 듯

폐선

일 없이 발이 묶여
침몰한 꿈 되새기며

입 다문 바다와
간간이 눈 맞추곤

아득히 밀려나 버린
지난 시간 낚는 중

유목민
−중앙아시아 초원에서

그곳 바람 조용한 건
누구 땅도 아니기에

풀도 양도 사람까지 순하게 흐르고

언제든 떠날 채비로
살림살이 한 줌이다

친정엄마

솔기 터진 엄마 신
새걸로 바꾸자니

신고 갈 데 없다시며
손사래 친 새 신발

온종일 만지작만지작
방 안에서 닳고 있네

2부

하늘 높고 푸르러서

때로는

하늘 높고 푸르러서 내 사연도 물이 든 날

그렁그렁 눈물 사이로 그리운 이 떠오르면

올해는 색 고운 단풍도 이쁜 줄 모르겠네

낚시

얕게 본 한 길 네 속 도무지 알 수 없어

열 길 물속에다 한 올 한 올 시간을 풀며

간절함 언제 가 닿을까 마른 입술 깨문다

끊어질 듯 와 닿는 실낱같은 기별에

숨죽였던 가슴께로 나비 떼 날아오르며

얼핏 본 숨은 네 모습 꽃으로 피어난다

백두에서

천지를 오르는 길 줄지어 선 자작나무
굽이굽이 능선 따라 두메자운* 비로용담*
군무로 제 올리는 곳 찾는 이도 꽃이 되고

땅에서 하늘 잇는 천사백 계단 끝에
푸른빛 영험스러운 정화수 마주하니
생각도 멈추어 선 곳 오른 이도 말이 없네

이편저편 가름 없이 넘나드는 바람결
고루 퍼진 햇살에 안개도 비켜서는데
사람만 선을 긋고는 내 땅 네 땅 다툰다

* 백두산에 피는 야생화.

휴休

세월을 넘나들며 의연히 선 낡은 의자

햇살이 사뿐 앉고 바람도 곱게 온 날

마음껏 게으름 피우며 무채색 꿈 펼쳐본다

5단지 2동 133호*

팍팍하던 그대 삶에 겉돌던 평화로움
축 처진 어깻죽지 날개로 내어 달고
그림자 앞서간 자리
안식처가 됐을까

혼절한 은행잎이 비처럼 뿌려진 길
찬 바람 우 몰리는 그늘진 한 뼘 공간
계절도 멈추어 선 곳
평온한가 그대여

* 경남 창원시 창원공원묘원 납골당 번지.

곱게 물들다

하루를 넘기기 전
노을 지는 하늘처럼

한 해를 넘기기 전
단풍 드는 나무처럼

끝자락 우리 빛깔도
스며드는 감동이길

생의 끝에서

요양원에 둥지를 튼 동생이 눈에 밟혀
잔바람 일으키며 현관 앞 왔다 갔다
사람 일 모르는 거니 가보자는 구순 엄마

야윈 손 마주 잡고 쉼 없이 뱉는 말들
어두운 귀 밖을 돌며 뿔뿔이 흩어져도
눈빛은 마음을 읽어 주고받는 흐린 미소

돌아오지 않는 강*

목을 세운 그리움이 창가에 종일 섰다

저물도록 기다리며 옆으로 기우는 날

마음도 수평으로 뉘면 강 건너에 닿을까

* 이중섭의 그림 제목.

울 수가 없어

그림자도 따스하던 봄날 오후 서너 시
햇살 끝에 나를 두고 고요를 부를 때
친구야,
믿지 못할 부음
벼락으로 꽂혔어

내일 봐, 손 흔들며 해 질 무렵 나서더니
누가 와서 불렀을까 밤사이 따라간 길
너 닮은 하얀 목련이
한
잎
한
잎
지는데

이런 사랑

칼 찾으려 열어본 싱크대 서랍 안쪽

니 써거라 삐뚠 글씨 엄마의 쌈짓돈

눈물 속 어룽지는 돈 쓸 수 없는 모정이다

누란 미녀*

잊은들 잊어진들
모두 다 허망함을

사천 년 전 몸짓으로
넌지시 이르는가

이생서 못다 푼 인연은
내생에서 이어질까

* 중국 신장성 누란 지역에서 출토된 미라.

메밀꽃 필 무렵
– 이효석 문학관을 찾아서

메밀꽃 그를 찾아 설레며 달려간 길
고요한 효석 눈빛 유리 장에 잠겨있고
봉평장 허 생원과 동이 목판 속에 묶여있네

메밀꽃 없었다면 오잖을 사람들은
꽃인 양 나부대며 사진 찍기 여념 없고
밀려난 달빛의 꿈은 하얗게 흩어지네

손톱 손질

손가락 사이로 빠져나간 애단 마음
휘이휘 돌다 지쳐 앞섶에 떨어지면
새빨간 매니큐어로 수혈해야 될 땐가

잘근잘근 깨물어도 덜 떨궈진 기억들
쉬이 잘려 나가게 눈물로 불려보지만
칼로도 벨 수 없는 업 굳어만 가는데

손끝마다 일어서는 고단한 가시랭이
쉼 없는 움돋이를 생으로 뜯어내다
끝내는 선홍빛으로 뼛속까지 물들어

초량 이바구길

긴 세월 녹아들어 백육십팔 숨찬 계단

꺾어지는 호흡으로 산만디 올라서니

발끝에 펼쳐진 부산 파도 타며 일렁인다

3부
흐린 날에 기대어

흐린 날에 기대어

버거운 무게로 터질 듯한 먹빛 하늘
억눌린 척추뼈가 꿈틀대며 일어선다
앙다문 입술 사이로 앓는 소리 배어나고

잿빛이 다 되도록 오래 묵힌 생채기
겉에서 버석대다 표피층을 뚫고 있다
말 못 할 통증의 다리는 건너기가 힘들고

아무도 모르리라 빗물에 기댄 눈물
바람은 소문 없이 젖었던 몸 말려준다
그 사이 엷어진 하늘 높이높이 오르고

추간판* 탈출

사람마다 훑어보네
멀쩡한데 웬 환자복

말랑말랑 순하던 놈 반란을 꿈꾸다가

틈새 삶 서러웠던지
탈출을 감행했다

* 척추의 마디마디 사이에 들어있는 둥근 판상의 물렁뼈.

리모델링

여기저기 고장 나는 십수 년 된 내 집 살림
헐거워진 수도꼭지 기울어진 찬장 문짝

사모님, 고쳐서 써요
그냥 두면 못 써요

배려 없이 부려먹은 반백 넘은 내 몸뚱이
어긋난 허리뼈에 뱃속앓이 잇몸앓이

놀라운 수리비 견적
미리미리 아껴줄걸

부하라* 소녀

하늘 담은 눈동자
예닐곱 살 그 소녀

맑은 눈빛 렌즈에 담고 과잣값 내밀었더니

끝까지 거절하는 손
부끄러운 돈 든 손

* 우즈베키스탄의 고대 문화 중심지 중 한 곳.

세상에 이런 날이

풀칠한 듯 몸에 붙은 땀범벅 옷가지들
툴툴거릴 힘마저 찜통 속에 숨이 죽고
겹겹이 쌓이는 짜증 정신마저 무너진다

인간이 불러들인 철 모르는 무더위
앞날의 기후 예측 암울함만 더해져
미래가 무서워지는 오늘을 견뎌낸다

다시 보니

점점이 흩어지던 천수경 긴 글마디

눈 고쳐 잘 보이니 세상 참 좋다면서

저승꽃 또렷이 보여 서글프단 어머니

산을 오르며

있는 듯 없는 듯이 눈길 끝에 늘 그 자리
차곡차곡 쌓은 돌탑 서걱대는 억새 몸짓
마음은 발 앞서 달려 산꼭대기 앉았네

가쁜 숨 몰아쉬며 위로만 치달으면
어디쯤 쉼표 찍을 오붓한 길 터놓고
무모히 돌진하는 걸음 느긋하게 붙잡네

참선

바람에 시달려도
단정히 선 나무들

어지럽던 오만 가지
툭 - 툭 - 내던지고

동안거
절집 아니어도
화두는 꽃핀다

쉽지 않다

때맞춰 밥을 먹고 낮밤 가려 잠도 자고
두 다리로 걸어보고 시원하게 똥도 누고

철철이 꽃을 보는 것
병상 노모 소원인데

밥에서 죽이었다 죽에서 미음으로
통증도 버무려져 목 넘김이 힘든 나날

오신 곳 돌아가는 길
꿈속인 듯 아득하다

광개토대왕비

변방이 된 국내성 터 느릅나무 즐비하고

유리 집에 갇혀버린 대왕 기개 적막한데

욕당한 비문 몇 글자 눈물 밴 듯 흐리다

눈꽃열차

설레며 잠 설치다 어둠 속에 오른 열차
삶은 달걀 마른 쥐포 추억 한 상 차려놓고
아줌마 샘솟는 수다 덤으로 얹어본다

무인역 태백 동점 줄지어 선 관광버스
열차에서 쏟아지는 들뜬 웃음 바삐 담아
폐광촌 눈꽃 축제장 신이 나게 오간다

눈송이 비워내 말간 하늘 다림판 삼아
구석에 밀쳐놓은 주름진 생 펼쳐 보니
매끈히 돌아온 하루 눈부시게 하얗다

순리

뒤집고 기어가다
앉았다 서기까지

엎어질 듯 뒤뚱대다
두 발로 걷기까지

더디다
순서를 밟아
사람답게 되는 건

나이 듦

괜찮다 다 괜찮다 지난 길 돌아보면

옥죄던 운명의 끈 느슨히 풀어지고

핏발 서 아리던 눈빛 가라앉네 고요히

눈부신 흔적이며 눈물겨운 그림자도

흐르는 강물 따라 잠기고 말 것임을

헛된 꿈 두서너 자락 놓지 못할 이유 없네

나도 잊힐까

여기저기 뒤적이다 이곳저곳 기웃대다

널 찾느라 지칠 때쯤 뭘 하는지 잊고 만다

기억이 떠나는 만큼 무너지는 내 하늘

4부
넉넉히 하늘 들여

고목

찬 바람 죽비인 양 묵묵히 맞고서도
빈 가지 사이사이 넉넉히 하늘 들여
동안거 털고 선 자리 봄빛으로 채운다

겨우내 떨고서도 원 하나 곧게 세워
가지 끝 화룡점정 하늘로 솟아올라
긴긴날 지녔던 화두 온몸으로 말한다

봄날은 간다

등 굽은 우리 엄마 볕살을 동무 삼아

쑥처럼 땅에 붙어 옛 기억 캐내시며

구슬픈 노래 한 자락 쑥덕쑥덕 버무린다

밤새 뒤척이다

도시가 밤을 잊고 대낮처럼 뒹굴면

별빛을 꿀꺽 삼킨
네온은 숨이 차고

낮 같은 밤에 갇힌 너
불면으로 지새운다

더러는 낮잠처럼 잠들기도 하겠지만

든 듯 만 듯 잔 듯 만 듯
꿈속 길을 헤매다

화들짝 놀라 깬 나무
가지 하나 꺾인다

전화

딸내미 성가실까 들었다 놓았다가

짜증 밴 소리라도 한 줄기 잡고 싶어

에미다, 낮게 부르며 염려스레 다가간다

이따금

가끔씩 아주 가끔 생각을 놓고 싶다
살랑대는 바람을 일렁이는 물결을
말개진 마음 한편에 세 들이고 싶다네

때로는 마음도 빗장 걸어 닫고 싶다
떠도는 허망한 말 비릿한 사람 내음
바깥에 돌려세우고 모르는 척 살고파

입춘 폭설

겨우내 홀로 쌓은
모난 정 힘에 부쳐

봄 문턱서 길을 잃고
한없이 흔들리다

헛발질 다잡고 잡아
남김없이 쏟는다

어느 날 바람이

봄꽃을 매만지던 살가운 손길들이

여름을 건너오며 광기를 두른 탓에

가을 끝
가진 것 없는
허수아빌 흔든다

꽃, 피다

네 곁에 늘 섰었다
무색으로 조용히

없는 줄 알았나 봐
기척도 없더라니

외로움 꼬옥꼭 다져
꽃등으로 걸었어

이냥저냥

나는 그냥 풀이다
땅에 바짝 붙어사는

추레해도 상관없고 이름이야 없어도 그만
때 되면 흙으로 숨어들 그 길만 알면 돼

나는 그냥 꽃이다
눈길 발길 슬쩍 잡는

꺾어서 가져가든 예쁘다 보든 말든
때 되면 사뿐히 앉을 그 자리만 알면 돼

'엄마' 하고 부르면

엄마를 불러보려 입술만 달싹여도

소리보다 먼저 돌아 가슴께로 고인 눈물

한 번씩 출렁일 때면 온몸이 다 젖는다

헤나*

인도印度의 도로에는 모든 게 함께 간다
구르는 수레바퀴 한없이 느린 소 떼
인간이 버려놓은 오물 그 위를 맴도는 새

무거운 안개 아래 처져있던 기차가
먼저 보낸 기적 따라 인내 끝에 달려와도
그나마 온 게 어디냐 반기는 사람들

구차한 하루 구걸 한숨도 잠길 때쯤
맨발에 앙상한 손 당당히 내미는데
못 본 체 고개 돌려도 손 흔들며 웃는 얼굴

손등에 그려서 온 지난 시간 흔적을
오늘이 지워가고 내일이 지워내도
은근히 스며든 인도人道 재지 말고 살란다

* 인도에서 수천 년 전부터 사용된 천연의 식물성 염료.

어디쯤 설까

한 발을 드는 순간
밟았던 길 흘러가고

한 발을 딛는 순간
다가온 길 스쳐 간다

공중에 늘 떠있는 발
착지점을 잃었다

담쟁이덩굴

견고함 딛고 선들 편한 걸음 아닐 게다
눈길 잡는 꽃가지 발길 묶는 녹음 접고
푸르게 비상할 몸짓 꿈을 안고 오른다

한 땀 한 땀 잇자면 쉬운 손길 아닐 게다
넘치는 울음과 웃음 씨실 날실 삼아서
희망을 꽃수 놓으며 또 성벽을 오른다

겨울 길목

마른바람 구석구석 쌓인 잎 들쑤신 날

잔가지 남은 잎도 종적을 감추었다

빈자리 가랑눈 찾아와 허전함을 달래네

5부
마음 젖지 않겠다

벚꽃 테라피

벚꽃이든 불꽃이든 타오르긴 매한가지
찰나에 지른 불 점점이 흩어져도
한마음 뒤흔들기엔 모자람이 없어라

심지가 맑아선가 꽃그늘도 환하다
곤하던 사람살이 그쯤서 펴 말리면
너 보기 두어 철 건너도 마음 젖지 않겠다

비상 飛上

바깥세상 궁금해 경계 넘는 물고기

볼 것이 없었는지 못 볼 걸 보았는지

찰나에 물무늬 뿌리며 심원으로 돌아간다

자정 무렵

큰길 두고 마주 보는 치맥집과 학원 빌딩
눅눅해진 닭다리에 꼬부라진 건배 소리
가장들 얄팍한 지갑 빈 술잔도 무거워

헐겁게 풀어진 취한 달 흐릿한 별
네온 빛 넘치는 길 학원 차 졸며 섰고
아이들 언제쯤 탈지 기다리다 지친 밤

네일아트

손가락 끝 곧게 뻗은 꽃길을 걷다 보면

화려한 인조 꽃들 색스럽게 나앉는데

옛 추억 어여쁜 봉숭아 수줍게 돌아앉네

재개발 지역

담장을 무너뜨린
시뻘건 엑스 표시
담배꽁초 일회용 컵
모였다 흩어졌다

봄날에 다시 온 꽃은 예전 일을 기억한다

데굴데굴 구르던
아이들 웃음소리
구수하게 퍼지던
해 질 녘 밥 냄새

수십 년 지켜본 나무 빈집 안을 기웃댄다

장백폭포

오늘을 꿈꿔왔을 지난 걸음 세우고

비명 삼킨 아픈 청춘 목청껏 내지르니

절벽에 새겨지는 노래 암각화로 피어날 듯

오래된 집

검버섯 드문드문 삐딱해진 철 대문

그러거나 말거나 바람은 넘나들고

옥상엔 세월 먹은 옷 자유롭게 춤추네

헛가지

생장점 움켜잡고 숨죽이며 기다리다
눈치껏 물길 따라 힘겹게 뻗었는데
주가지 뻗지 못한다 느닷없이 자르네

남보다는 설익고 고운 빛 덜하지만
안간힘 써가며 까치발도 세웠는데
남의 길 방해 놓는다 비켜서라 밀치네

단풍놀이

나이는 가을 중간
휴게소도 그 어디쯤

알록달록 옷차림새
사람 단풍 가득하네

새벽밥 서서 먹어도
달기만 한 나들이

결국

지그재그 그려대며 위험스레 달리더니

뒷덜미에 욕을 단 채 정지선에 함께 섰다

가봤자 오십보백보 다퉈봤자 거긴걸

상처

식탁 의자 긴 다리에 오지게 부딪힌 발
한두 번이 아니어서 그러려니 넘기는데
금이 간 새끼발가락 존재감을 드러낸다

미세한 실금들이 내 걸음 잡을 줄이야
무심히 보낸 날보다 몇 곱절 긴 나날을
깁스로 감싸안은 채 화해 손길 기다린다

왜가리

시침 같은 부리로 시간을 꽉 물고서

시선도 정물처럼 수면 끝에 세운 채

긴 명상 무거움 털고 날아본다 가벼이

출근 전쟁

광야에서 들을 법한
다급한 말발굽 소리

가파른 계단 따라 지하철로 흘러든다

오늘도 놓칠 수 없는
하루치를 위하여

휘모리

혼미한 소용돌이 으스러진 뼈마디

밤새도록 들썩이다 바람으로 흩어지니

굿거리 느림 속으로 잠잠히 들까 보다

| 해설 |

K-포엠 시대 여는
서정과 풍류의 풋풋하고 끈질긴 힘

이경철 문학평론가

"바늘 끝도 겨우 꽂힐/ 보도블록 실금 따라// 여려도 꿋꿋한 잎/ 낮아도 당당한 꽃// 한 방울 눈물 자욱이/ 아픈 자리 딛고 섰다"(「힘」 전문)

일상의 치밀한 서정화로 싱싱하고 힘 있는 시

조미영 시인의 첫 시집 『힘』은 신선하다. 오늘의 생활 현장에서 시가 솟아나 생생하고 풋풋하다. 오늘의 삶을, 눈앞에 펼쳐진 대상을 꼼꼼히 들여다보면서도 지난 온 생을 다 걸고 있다. 그래서 치밀한 서정이면서도 관조와 여유의 깊이가 묻어난다.

『힘』은 시조집이다. 우리 민족 고유의 정형시인 시조인데도 정형의 틀에 곧이곧대로 갇혀 구태의연하거나 답답하지 않다. 시상 전개에 따라 이어지고 끊어지는 운율이 자연스럽다. 그런 자연스러운 운율에 실린 산뜻하면서도 속 깊은 서정이 오늘 최첨단 시대를 변함없는 서정과 풍류로 살게 하는 힘을 주고 있다.

이번 시집 표제작이며 이번 시집에 실린 시편들 전체를 끌고 가는 힘이 있고 또 조 시인의 시 세계를 대표할 수 있을 것으로 보여 맨 위에 인용한 시 「힘」을 보시라. 시조의 기본인 3장 6구 45자 내외의 단시조다. 글자 수와 음보와 기승전결 구조 등 시조 정형에 충실하다. 그런데도 정형에 짜 맞춘 답답함 없이 자연스럽다. 주위의 대상을 세심히 보고 치밀히 묘사하며 우리네 삶의 진국을 자연스레 우려내고 있기 때문이다.

위 시 초장과 중장은 보도블록 좁은 틈새에 뿌리를 내리고 피어나는 민들레 등 풀꽃을 그대로 묘사하고 있다. 중장에서 '꿋꿋한', '당당한' 등 시인의 마음이 묻어나는 형용으로 풀꽃은 우리네 삶으로 투사해 들어온다. 그러다 종장에서 아프고 쓰린 우리네 삶과 그대로 일치된다.

이렇게 이번 시집에 실린 시편들은 우리네 일상에 대한 자세한 들여다보기에서 서정이 우러나고 있다. 그래서 생생하면서도 힘이 있다. 지금 우리네 삶을 다룬 서정이면서도 반만년 우리 민족의 한과 신명의 풍류가 녹아들어 있다.

내 몸에 아로새긴 줄무늬 보셨나요

스치듯 지나실 때
내 마음 아셨나요

언젠간 찾으리라 싶어 긴 목으로 섰습니다

오래된 화면처럼
비 내림 보이나요

틈새로 일던 추억
눈치를 채셨나요

끝내는 들키고 마는 정직한 몸입니다

-「바코드」전문

  제목처럼 가격 등 상품 정보가 줄무늬로 새겨진 바코드를 소재로 두 수로 쓴 연시조다. 간편한 전자 계산을 위한 첨단 사회 용품을 자세히 들여다보며 그 형상과 용도에 딱 맞춰 시가 진행되고 있다.
  그러면서도 시와 모든 예술은 물론 삶의 알파요 오메가인 그리움을 솔직하고 정직하게 토로하고 있다. 세월이 아무리 흘러도 변할 수 없는 그리움을 오늘의 첨단 문명사회에 맞게 읊조리고 있는 것이다. 자세히 들여다보며 꼼꼼히 묘사해 나가는 과정에서 서정이 우러나와 풋풋하면서도 자연스럽다.

  엄마를 불러보려 입술만 달싹여도

  소리보다 먼저 돌아 가슴께로 고인 눈물

  한 번씩 출렁일 때면 온몸이 다 젖는다
  -「'엄마' 하고 부르면」전문

참 자연스러운 단시조다. '엄마'를 소재로 한 사모곡思母曲이면서도 어머니에 대한 추억이나 회한, 사랑 등 어떤 정보도 없다. 단지 엄마를 떠올리며 부르는 행위만 진솔하게 압축해 그리고 있다. 그런데도 독자들을 '아, 나도 그래' 하면서 단박에 동감하게 만든다. 45자 안팎의 짧은 시로써 무얼 주저리주저리 읊조리며 파고들 것인가. 더 긴 연시조나 사설시조, 나아가 자유시도 그럴 것이다. 몇 행, 몇 수, 몇 연으로 나가든 소설이나 다른 장르에 비해 시의 시성詩性은 짧은 데 있다.

해서 시는 길게 나가며 뭘 설명하는 것이 아니다. 본질을 파고드는 게 아니라 변죽만 울려 독자들이 그 본질을 스스로 느끼며 공감하게 하는 것이다. 사모곡이라서 어머니에 대한 그 무엇을 주저리주저리 들려주는 게 아니라 어머니에 대한 그리움을 확 불러일으켜 왈칵 눈물 나게 해줘야 시다운 시가 된다. 위 시 「'엄마' 하고 부르면」처럼.

지그재그 그려대며 위험스레 달리더니

뒷덜미에 욕을 단 채 정지선에 함께 섰다

가봤자 오십보백보 다퉈봤자 거긴걸
　-「결국」전문

　차도에서 흔히 볼 수 있는 풍경이다. 차를 몰고 가다, 아니면 옆에 타고 가다 그런 욕지거리 나올 법한 일을 많이 들 보고 겪었을 것이다. 그런 일상을 아주 솔직하면서도 여유 있게 시화한 단시조다.

　특히 종장 "가봤자 오십보백보 다퉈봤자 거긴걸"에서 공감력을 확 확산시키면서 시조 특유의 미학인 관조와 여유를 일상화해 놓고 있어 귀하게 읽힌다. 종장 전반부는 누구든 말하는 관용구다. 그런데도 자연스럽게 끼어든 후반부가 이 바쁜 현대적 일상에 여유를 준다. 인간 본디의 여유, 민족의 풍류를 자연스레 흐르게 하고 있다.

　손가락 끝 곧게 뻗은 꽃길을 걷다 보면

　화려한 인조 꽃들 색스럽게 나앉는데

　옛 추억 어여쁜 봉숭아 수줍게 돌아앉네

―「네일아트」전문

  요즘 여성들이 손톱에 각종 꽃문양을 입히는 네일아트를 소재로 한 단시조다. 그런 손톱에 난 꽃길을 걸으며 인고의 세월 견뎌내지 못하는 현 세태를 비판하는 문명 비판시로 읽어도 좋을 시다.

  그러나 세태 비판이나 풍자보다는 종장으로 인해 그런 것까지 다 끌어안는 해학의 너그러움으로 나아가고 있다. 네일아트와 대조되는, 손톱에 봉숭아 물 들이던 시절을 떠올리는 서정이 날 선 비판을 다독이고 있지 않은가.

  이렇듯 이번 첫 시집에서부터 조 시인은 일상을 자세히 들여다보며 그것을 서정화하고 있다. 지금 여기서 벌어지고 있는 일상에는 위 시처럼 지난날의 추억들도 다 묻어나고 있다. 일생의 체험을 들어 솔직하게 서정화하고 있어 풋풋하면서도 그만한 깊이가 드러나고 있다.

만물과 자연스레 교감하는 영원한 현재진행형의 서정

  하루를 넘기기 전

노을 지는 하늘처럼

한 해를 넘기기 전
단풍 드는 나무처럼

끝자락 우리 빛깔도
스며드는 감동이길
　-「곱게 물들다」 전문

　운율과 시상 전개가 자연스레 흐르고 있는 단시조다. 그러면서 감동도 자연스레 흘러들게 하고 있다. 시란 이렇게 자신이 느낀 감동에 독자들도 자연스레 물들게 해야 한다. 시를 왜 쓰는가. 말로 다 설명할 수 없는 감동을 자연스레 소통하기 위해 시를 쓰는 것 아닌가.
　위 시는 잘 물들어 가는 노을 빛깔과 단풍 빛깔에 감동해 쓴 시다. 이렇듯 시인이 우선 쓰려는 대상과 감동으로 소통해야 독자들도 감동으로 물들일 수 있다. 그리고 짓거나 짜 맞추지 않고 자연스럽게 터져 나와야 한다. 시상 전개에 맞게 운율도 자연스러워야 한다.
　위 단시조에서 운율은 자수율이나 음보율 등 시조 정

형률에서 나온 것만은 아니다. 초장, 중장의 반복에서 운율이 자연스레 울려 나오고 있다. 그러다 종장에서는 앞 장들과는 전혀 다른 운율로 전환되며 간절한 감동으로 시를 맺고 있다.

하루, 한 해의 끝자락에 오는 아름다운 것들, 노을이며 단풍을 노래하면서 그런 끝자락 우리 인생도 감동으로 아름답게 물들고 스며들기를 바라는 시다. 이처럼 이번 시집에 실린 좋은 시편들은 자연과 대상에 물들어 가는 삶을 자연스레 펴고 있어 서정적이다. 그래서 공감을 불러일으키며 쉽게 쉽게 읽힌다.

겨우내 홀로 쌓은
모난 정 힘에 부쳐

봄 문턱서 길을 잃고
한없이 흔들리다

헛발질 다잡고 잡아
남김없이 쏟는다
-「입춘 폭설」전문

봄 입구인 입춘에 내린 폭설을 소재로 한 시다. 갈수록 기상이변이 심해지며 근년에는 산에 들에 온갖 봄꽃 다 피워놓고 난데없이 눈보라가 휘몰아칠 때도 심심찮게 있었다. 그런 때아닌 눈을 보면서 심란한 마음을 솔직히 보여주고 있는 단시조다.

사계절 중 겨울은 자연의 운행상 칩거하며 이리저리 튀는 마음을 잘 다스리는 철이다. 이래저래 배어 나올 수밖에 없는 정을 모나게 단속하는 계절이 겨울임을 초장은 잘 보여주고 있다. 그러다 봄이 되면 다시 꿈틀거리며 솟아날 수밖에 없는 정에 흔들리는 게 뭇 생명의 자연스러운 현상임을 중장에서 드러내고 있다. 종장에서는 그렇게 정에 한없이 흔들릴 수밖에 없는 마음을 봄날 때아닌 폭설과 일치시키고 있다.

잘 단속된 마음이 아니라 정에 이리저리 흔들리는 마음이 시를 쓰게 한다. 그래서 문자 그대로 '서정敍情'이요 그런 서정이 시의 본질이 되는 것이다. 모난 정을 그대로 보여주며 잘 다듬어가는 게 시 아니겠는가. 이렇게 조 시인은 서정에 솔직하면서도 치밀한 시로 나아가고 있다.

벚꽃이든 불꽃이든 타오르긴 매한가지
찰나에 지른 불 점점이 흩어져도
한마음 뒤흔들기엔 모자람이 없어라

심지가 맑아선가 꽃그늘도 환하다
곤하던 사람살이 그쯤서 펴 말리면
너 보기 두어 철 건너도 마음 젖지 않겠다
 -「벚꽃 테라피」전문

 활짝 핀 벚꽃을 보며 애증愛憎을 잘 치유하고 있는 시다. 사랑과 미움, 햇볕과 그늘 등의 상반된 것들을 한꺼번에 펴 보이고 있다. 그래 상반된 감정의 양가성에 피곤한 사람살이의 정을 잘 펴 말리고 있다. 환한 꽃그늘 아래서.
 그래서 독자들의 정에 다친 마음을 환하게 다독여 주는 시로 읽힌다. 아니, 정을 사상과 종교의 최고치인 도道나 해탈의 지경까지 끌어올리고 있다. "찰나에 지른 불"이 타오르는 건 벚꽃과 불꽃만이 아닐 것이다. 그런 자연과 한마음으로 우리네 정도 타오르고 있지 않은가.
 「벚꽃 테라피」는 그런 자연스러운, 인간적인 정을 '맑은 심지'로 타오르게 하며 순수한 한마음으로 끌어올리고 있다. 위 시를 읽으며 미당 서정주 시인이 말년에 쓴 시 한 편이 자연스레 떠오른다.

  당명왕과/ 양귀비와/ 모란꽃이/ 어느 날/ 함께/ 열반 극락에 들어가 보자고/ 하늘로 하늘로 솟아올라 갔는데,// 당명왕과 양귀비는/ 구름 엉킨 언저리에서/ 동침하고 싶어/ 다시 땅으로 내려와/ 방으로 들어가 버리고.// 모란꽃은 시들어 떨어져서/ 그 꽃빛만이 더 높이 날아올라서/ 해와 달과 별들 옆을 감돌고 있었는데,// 그 마음씨만은 아주나 자유라 놓아서/ 그 빛깔까지 다 벗어 던져버리고/ 색계와 무색계 넘어/ 열반에 들어 자취도 없이 앉어계신다.(「당명왕과 양귀비와 모란꽃이」 전문)

  하늘로 올라 열반, 극락에 오른 모란꽃과는 달리 당명왕과 양귀비는 그냥 땅으로 내려온다. 사람살이의 살가운 정 때문에. 이게 한국인의 마음자리, 정서를 잘 알고 풀어 써 최고 반열에 오른 미당의 시 세계이면서 시가 종교와 다른 점 아니겠는가. 「벚꽃 테라피」에서도 사람의 정에서 시가 나와 시가 치유이면서도 해탈로 가고 있어 서정의 깊이를 울리고 있다.

사람 발길 잦아들자
여름 물살 숨 고르고

물속을 꿈꾸던 새
한 철 지나 찾아와

찬 바람 정수리에 이고
깊이를 재고 있다
—「새, 명상에 들다」 전문

　물속을 겨누고 있는 물새를 그린 단시조다. 여름 한 철 지난 물이며 새가 숨을 고르고 있는 고즈넉한 풍경. 그런데도 뭔가가 흐르며 움직이며 생동하는 기운이 느껴지는 시다.
　"찬 바람 정수리에 이고／ 깊이를 재고 있"는 것이 물새뿐이겠는가? 여름내 격하게 흘렀던 물 등 자연 만물도, 또 시인과 사람들도 추운 계절 찬 바람 정수리에 맞으며 세상의 깊이를 재고 있는 것 아니겠는가. 이렇게 시인은 대상과 일치해 가며 서정을 펴나가고 있다. 이게 너와 나는 같다는 서정의 동일성의 시학이다.

    그리고 그 시제는 "재고 있다"며 현재진행형으로 나가고 있다. 그런 시제에는 지난여름 꿈꾸던 과거는 물론 미래도 포함되어 있다. 이게 한순간에 과거 현재 미래가 함께한다는 서정의 순간성의 시학이다. 이렇게 서정의 양대 시학인 동일성과 순간성의 시학으로 조 시인은 만물과 교감하며 영원한 현재진행형의 시를 쓰고 있다.

곁가지 다 쳐내고 본질로 직격하는 참선의 시 쓰기

  바람에 시달려도
  단정히 선 나무들

  어지럽던 오만 가지
  툭 - 툭 - 내던지고

  동안거
  절집 아니어도
  화두는 꽃핀다

–「참선」 전문

  잎 다 떨구고 묵묵히 찬 바람 맞고 있는 겨울나무에서 '참선'을 보고 있는 시다. 선禪이란 무엇인가? 한자를 파자해 보면 단순하게 본다는 것이다. "어지럽던 오만 가지" 생각 툭툭 털어버리고 본질로 직격해 들어가는 것이 선이다.

  시 또한 오만 가지 생각의 언어들 다 털어버리고 마음 본디를 단순, 솔직하게 전하는 것이다. 그런 점에서 참선과 시 쓰기의 자세는 본질적으로 통한다. 시를 쓰며 그런 참선의 지경에 자연스레 들고 있는 것이다.

  겨울나무를 바라보며 시인 자신과 자연스레 일치시켜가는 서정의 동일성의 시학으로 그런 참선 지경에 이르고 있다. "툭-툭- 내던지고"에서 볼 수 있듯 역동적이면서도 개결한 시다. 그래서 어렵기만 한 선의 '화두話頭'를 눈에 선하게 꽃피우고 있는 시다.

    찬 바람 죽비인 양 묵묵히 맞고서도
    빈 가지 사이사이 넉넉히 하늘 들여
    동안거 털고 선 자리 봄빛으로 채운다

겨우내 떨고서도 원 하나 곧게 세워
가지 끝 화룡점정 하늘로 솟아올라
긴긴날 지녔던 화두 온몸으로 말한다
—「고목」 전문

바로 위에서 살핀 「참선」 후속편쯤으로 읽어도 좋을 시다. 「참선」이 나무가 겨우내 동안거冬安居하는 모습을 시인의 시 쓰는 마음과 일치시켜 가며 응축해 보여줬다면 「고목」은 동안거 끝낸 후 화두에 답하고 있는 것으로 보이기 때문이다.

「고목」에서 그렇게 화두에 답하려 하니 시, 서정의 밀도가 앞의 시에 비해서 떨어진다. 있는 그대로의 모습, 현전만 보여주면 되는 것이 시이고 선의 궁극일진대 자꾸 화두를 설명하려 하고 있어서다. 두 수로 된 연시조로 화두를 설명하려 들 것이 아니라 각각 다른 제목의 단시조로 나갔으면 더 나았을 듯도 싶다. 그러면서도 앞뒤 수 다 참선에 비유해 가며 시 쓰기와 우리네 삶의 궁극을 긍정적으로 털어놓고 있는 점은 좋게 읽힌다.

가끔씩 아주 가끔 생각을 놓고 싶다
살랑대는 바람을 일렁이는 물결을
말개진 마음 한편에 세 들이고 싶다네

때로는 마음도 빗장 걸어 닫고 싶다
떠도는 허망한 말 비릿한 사람 내음
바깥에 돌려세우고 모르는 척 살고파
 -「이따금」전문

  솔직한 시상 전개에 따른 운율이 참 자연스레 흐르고 있어 좋은 시다. 꾸미거나 잘 모르는 것 자꾸 파고들어 가며 뭔가 있어 보이게 하는 허장성세가 없어 좋고 공감도 넓은 시다. 이 시도 위 시편들처럼 이번 시집에 종종 보이는 '참선' 계열의 시로 묶을 수 있다. 참선하듯 시를 쓰기에 이런 자연스러운 시도 나왔을 것이다.
  두 수로 된 위 연시조는 각 장 끝에 '싶다'를 반복하고 뒤 수 종장에선 '살고파'로 맺으며 운율을 얻고 있다. 그리고 그렇게 바라고 원하는 원망願望도 종결어미의 반복으로 운율을 타고 있다. "생각"과 "허망한 말 비릿한 사람 내음"을 놓아버리고 참선하듯 사는 삶을 바라고 있다.

그러나 생각을 놓아버리고 사람 사는 정에 빗장을 걸고 사는 게 어디 펄펄 살아있는 인간의 삶이겠는가. 그렇게 인정 없이 살며 무슨 비릿한 사람 내음 나는 시가 나오겠는가. 여기서 마음 본디를 본디로 전하는 시와 허망한 말과 사람 내음 저버리고 득도하려는 선의 종교는 갈리는 것이다. 어떻게든 사람 사는 정을 버리지 않고 그걸 득도의 경지까지 끌어올리는 게 삶이며 시 아니겠는가. 그렇기에 시인도 원망형 종결어미로 각 장을 끌고 가며 정을 아주 놓아버리지는 않았을 것이다.

정성 깃든 이유식에 손녀 볼 탱탱하고
근기 없는 미음 몇 술 어머닌 수척해져
어쩌나 끼니때마다 흔들리는 숟가락

하루가 다르게 힘 오르는 손녀 걸음
하루가 다르게 주저앉는 노모 걸음
어쩌나 만나지 못할 방향 다른 두 걸음

스스로 하는 것이 하나씩 늘어나는
스스로 하는 것이 하나씩 줄어드는

어쩌나 손녀와 할머니 닮은 듯 다른 듯
 -「손녀와 노모」 전문

　제목처럼 '손녀와 노모', 신생과 노년을 대비해 놓은 시다. 손녀와 노모를 동시에 보는 시인의 시각에 염려와 사랑이 가득하다. 세 수로 된 연시조 각 수 종장에서 '어쩌나'를 반복해 중생들의 원과 한을 다 들어주고 풀어주는 관세음보살의 대자대비한 마음이 그대로 와닿는 시다.

　밝는 날 온 세상을 비칠 햇살/ 더 하얗게 빛나지 않으면 어쩌나/ 더 멀리 퍼지지 않으면 어쩌나/ 솔나무 사이로 불어닥칠 바람/ 더 싱그럽지 않으면 어쩌나/ 걱정하면서

　'어쩌나'가 반복되어서인가, 신경림 시인의 시「세밑에 오는 눈」위 대목이 떠오른다. 1천여 편에 이르는 신경림 시인의 시 세계를 두루두루 꿰고 있는 것이 '어쩌나' 하는 염려다. '어쩌나'를 반복하며 세상의 모든 아픔을 함께하면서 걱정, 염려해 주는 연민에서 시가 우러나와 국민시인 반열에 오른 시인이 신경림이다.
　조 시인의 좋은 시편들도 그런 '어쩌나'의 연민에서 시

가 우러나와 자비심으로 삼라만상과 자연스레 통하고 하나가 돼가고 있다. 시를 쓰려는 대상을 자상하게 관찰하며 서로 통하고 또 시를 쓰는 언어와 통하고 독자와도 잘 통하는 시를 쓰려는 자세가 '어쩌나'에 잘 묻어나 있다.

자연스러운 서정과 운율 따라 흐르는 풍류

아직도 쓸 만할까
늘어져서 돌아와도

수십 번 수백 번 되풀이된 같은 걸음

이제는 빡빡함이 싫다
헐렁하게 눕고 싶다
 -「고무줄」전문

제목처럼 '고무줄'을 화자로 내세워 메시지를 강하게 전하고 있는 시다. 수없이 당기고 놓고 하다 보면 헐렁해지는 고무줄의 특성에 따라 메시지를 전하며 화자와 시인이 일치되고 있다. 이렇게 시는, 서정은 화자를 내세우더라도 다른 사람이나 가면이 아니라 시인과 일치해야 한다. 위 시에서도 정확히, 솔직히 일치해 독자들의 공감을 넓히고 있다.

자꾸 늘어가는 나이를 소재로 한 시편들이 시조단과 자유시단 할 것 없이 많이 나오고 있다. 엄살, 과장, 도사연하는 어색한 시편들이 많은데 이 시는 솔직해서 좋다. 지금까지의 생체험 다 걸고 솔직하게 써서 메시지에 누구든 공감시킬 수 있는 힘이 있다.

나이 들면 관조와 여유는 누구든 바라는 바다. 그걸 위 시처럼 어떻게 풋풋하고 선명하고 힘 있게 쓰느냐가 문제다. 종장에서 "빡빡함이 싫다/ 헐렁하게 눕고 싶다"라고 했는데 시는 헐렁하지 않고 빡빡하다. 잘 꾸미려는 시작법을 다 내려놓으니 이리 솔직하고 힘 있는 시가 된 것이다.

　　그곳 바람 조용한 건
　　누구 땅도 아니기에

　　풀도 양도 사람까지 순하게 흐르고

언제든 떠날 채비로

살림살이 한 줌이다

─「유목민 - 중앙아시아 초원에서」전문

  초원을 떠도는 유목민의 삶을 다룬 시인데도 우리 심성에 척척 안겨 든다. 어려운 말이나 표현 한 군데 없이 쉬우면서도 자연스러운 시다. 그러면서도 우리네 삶, 연연히 내려오고 있는 핏줄 깊숙이 스며드는 시다. 이래저래 살아온 삶 다 거덜 나면 훌훌 털고 산속으로 들어가거나 또 어디로 떠도는 우리네 삶의 철학이 유목의 뿌리, 현장에서 그대로 우러나고 있다.

  특히 중장 "풀도 양도 사람까지 순하게 흐르고"는 우리 민족 삶의 맛이요 멋이고 철학인 풍류를 체득한 실감에서 나온 것 같아 반갑다. 물같이 바람같이 떠돌며 살다 가서 또 무엇이 되어 다시, 또다시 사는 게 우주 운항의 순리요 뭇 생의 흐름 아니겠는가.

하늘 담은 눈동자

예닐곱 살 그 소녀

맑은 눈빛 렌즈에 담고 과잣값 내밀었더니

끝까지 거절하는 손
부끄러운 돈 든 손
 -「부하라 소녀」전문

중앙아시아 초원과 사막으로 동서양을 잇는 실크로드의 오래된 오아시스 도시 부하라를 여행하며 보고 느낀 것을 그대로 쓴 시다. 단시조로 짧게 응축해 하늘 담은 맑은 눈빛이 최첨단 도시 문명을 사는 우리를 자꾸 부끄럽게 하는 시다. 그러면서 소녀의 눈에 담긴 하늘, 그런 천진을 되찾게 해주는 시다.

천진天眞, 진짜 하늘 색깔처럼 자연 그대로 참되고 꾸밈없는 마음이다. 그런데 우리 마음은 얼마나 삿되고 꾸며져 흐려졌는가. 그런 우리네 마음을 단박에 다시 다잡게 하며 자연의 천진스러움으로 돌아가게 하고 있는 시다.

나는 그냥 풀이다
땅에 바짝 붙어사는

추레해도 상관없고 이름이야 없어도 그만
때 되면 흙으로 숨어들 그 길만 알면 돼

나는 그냥 꽃이다
눈길 발길 슬쩍 잡는

꺾어서 가져가든 예쁘다 보든 말든
때 되면 사뿐히 앉을 그 자리만 알면 돼
-「이냥저냥」 전문

'이냥저냥', 그저 그렇게 살다 가는 천진스러운 풀과 꽃 등 자연을 내세워 삶의 이치를 말하고 있는 시다. 앞 수에서는 풀, 뒤 수에서는 꽃을 화자로 내세운 두 수로 된 연시조다.

조 시인의 시작법대로 주위의 대상을 유심히 관찰해 대상, 화자와 일치돼 가고 있다. 그러면서 자연의 운행에 순하게 일치하는 풍류적 삶을 자연스레 말하고 있다. 그래 제목처럼 '이냥저냥' 사는 삶의 넉넉한 여유와 멋이 우러나고 있다.

신라시대 국제적 지성 최치원은 "우리나라에는 예부터 전해오는 현묘한 도가 있으니 풍류風流"라고 했다. 우주 만물과 교감하며 서로서로 살려내는 접화군생接化群生의 도가 풍류고 말로써는 다 이를 수 없게 현묘하다는 것이다.

조 시인의 시편들에는 단군 이래 민족의 핏줄을 연연히 흐르고 있는 접화군생의 풍류가 쉽고 생생한 표현에 실려있다. 그래 시조가 우리 민족시임을 힘 있게 보여주고 있다. K-팝, K-컬처, K-뷰티 등 한류韓流가 지구촌 구석구석에 퍼지고 있는 이때 풍류와 서정의 살가운 일치로 K-포엠 시대 힘차게 열어가시길 빈다.